Low Carb aus dem Thermomix®

Das Kochbuch mit 60 leckeren und leichten Rezepten

Annemarie Lange

Alle Ratschläge in diesem Buch wurden vom Autor und vom Verlag sorgfältig erwogen und geprüft. Eine Garantie kann dennoch nicht übernommen werden. Eine Haftung des Autors beziehungsweise des Verlags und seiner Beauftragten für Personen-, Sach- und Vermögensschäden ist daher ausgeschlossen.

Thermomix© ist ein eingetragenes Warenzeichen der Vorwerk & Co. KG. Diese Publikation ist kein offizielles Lizenzprodukt der Vorwerk & Co. KG.

Bei Fragen und Anregungen wenden Sie sich bitten an:
AnnemarieLange@yahoo.com

1. Auflage 2017
ISBN-13: 978-1542892902

INHALTSVERZEICHNIS

HEALTH!

VORWORT

Der Weg zu einem gesünderen Lebensstil beginnt mit einer Low Carb-Ernährung! Es gibt viele Vorteile einer kohlenhydratarmen Ernährung, darunter fallen Gewichtsverlust, reduzierte Blutglukose für Diabetes, erhöhtes HDL („gutes" Cholesterin) und gesenkter Blutdruck. Zusätzlich verleiht eine Low Carb-Ernährung deutlich mehr Energie, weniger Heißhunger auf Süßes, verbesserte Triglyceride-Werte und einen niedrigeren Blutinsulinspiegel.

In diesem Buch finden Sie köstliche Rezepte, die Sie alle mit Hilfe des bekannten Mixgeräts schnell und einfach herstellen können. Das spart Ihnen nicht nur Zeit und Energie, sondern ist außerdem eine großartige Bereicherung für Ihre Ernährung und auf lange Sicht für Ihren gesunden Lebensstil. Ob im Job, mit der Familie, oder in der Freizeit: Eine gesunde und vollwertige Ernährung ist entscheidend. Starten Sie noch heute mit diesen tollen Rezepten für Ihr Mixgerät!

WARUM GERADE LOW CARB?

Immer mehr Leute entdecken die Vorteile einer Low Carb-Ernährung. Diese kann Ihnen dabei helfen, Ihr Wunschgewicht zu erreichen und gleichzeitig Ihre Gesundheit zu unterstützen. Zusätzlich dazu, gibt es jedoch noch eine Menge anderer Vorteile.

Die moderne westliche Kultur ist voll von säurehaltigen Speisen, Zucker, Lebensmittelzusätzen, gesättigten Fettsäuren, Pestiziden und Hormonen. Oft fehlen hier die gesunden Schlüsselzutaten. Beispielsweise enthalten Pflanzen fast alle wichtigen Vitamine, Mineralien, Antioxidantien und Ballaststoffe, die unser Körper braucht, um sich wohl zu fühlen. Eine nährstoffarme und kalorienreiche Ernährung ist daher nicht selten der Hauptgrund für Fettleibigkeit und Übergewicht.

Dabei geht es nicht nur darum, wie viel wir essen, sondern um die Qualität des Essens.

Wenn Sie sich auf eine Low Carb-Ernährung umstellen, besonders auf eine, die reich an Omega 3 Fettsäuren ist, und weniger Fleisch sowie mehr Gemüse beinhaltet, können Sie dabei Ihren ganzen Körper entgiften und neu wiederaufbauen. So kann sich Ihr ganzer Organismus erholen und Sie werden neue Energien verspüren oder sich vielleicht zum ersten Mal richtig vitalisiert fühlen.

Eine Ernährung, die viel Gemüse, Bohnen, fettarmes Fleisch, Fisch, Nüsse, Samen und Früchte enthält, versorgt Sie mit essentiellen Vitaminen und Mineralien, die Ihr Körper langfristig benötigt. Nur eine Handvoll Nüsse deckt bereits Ihren Tagesbedarf an Selen, während anderes Blattgemüse sowie Bohnen die besten Quellen für Vitamine B sind, und für ein gesundes Nervensystem und Gehirn sorgen. Was Sie auf Ihre Gabel tun, hat deutlich mehr Bedeutung als eine Pille oder Medizin, die Sie schlucken können, wenn es um Ihr Wunschgewicht oder um mehr Energie in Ihrem Körper geht.

Diabetes, Insulinresistenz und metabolisches Syndrom haben alle im Grunde ein gemeinsames Problem - einen schwer zu kontrollierenden Blutzucker. Diabetes und ähnliche Krankheiten sind lange schon ein großes Problem in der westlichen Hemisphäre. Menschen mit Diabetes haben ein vier Mal erhöhtes Risiko an einer Herzerkrankung zu sterben und ein vierfach erhöhtes Risiko an Demenz zu erkranken. Doch die Forschung zeigt, dass Diabetes heutzutage zu behandeln ist. Besonders, wenn sie früh erkannt wird. Eine Studie zeigt, dass sich Leute, die an Diabetes Typ 2 erkrankten, durch eine Veränderung Ihrer Essgewohnheiten wieder erholen und bereits in nur einer Woche positive Resultate verzeichnen konnten.

Eine Ernährung, die auf Vollwertkost basiert, ist dabei besonders hilfreich, den Blutzuckerlevel zu kontrollieren, den Metabolismus zu verbessern und somit auch unsere Gesundheit. Ballaststoffe sind wichtig, da sie die Abgabe von Zucker in das Blut verlangsamen und dazu führen, dass wir uns satt fühlen und das Cholesterin folglich sinkt. Eine Ernährung, die reich an Ballaststoffen ist, mindert außerdem das Risiko an bestimmten Krebsarten bzw. Herzkrankheiten zu erkranken. Sie sorgen für ein gesundes Verdauungssystem und unterstützen besonders eine gesunde Darmflora.

Wenig Kohlenhydrate heißt nicht keine Kohlenhydrate

Viele Diäten schlagen fehl, da sie sich stark auf stärkehaltiges Essen konzentrieren. Ob es nun Schüsseln mit Pasta, Reis, Brot oder auch Cookies sind. Das Problem ist, dass diese raffinierten Kohlenhydrate einen katastrophalen Effekt auf Ihr Blutzuckerlevel haben und zu großen Sprüngen bei Zucker und Insulin führen. Bei zunehmender Insulinzufuhr, sendet das Insulin Signale an Ihren Körper, dass er Fette speichern soll, besonders im Bauchbereich. Es fördert zudem Sodbrennen und erhöht langfristig das Risiko, insulinresistent zu werden.

Eine Low Carb-Ernährung eliminiert raffinierten Zucker sowie Stärke, und fokussiert sich stattdessen auf „langsamere“

Kohlenhydrate (Kohlenhydrate, die Zucker langsamer ins Blut abgeben). Eine gute Diät sollte daher eine breite Auswahl an buntem Gemüse haben. Starten Sie eine niedrig-glykämische (langsam abgebende) ballaststoffreiche Ernährung, wird diese keine negativen Auswirkungen auf Ihren Blutzuckerspiegel haben.

Gesunde Fette

Viele Leute denken noch immer voller Angst an Fett und befürchten, dass sie nur davon an Gewicht zunehmen. Nichts könnte weiter weg sein von der Wahrheit. Während Fett mehr Kalorien hat als Proteine oder Kohlenhydrate, hat der Konsum von Fett jedoch nicht denselben Effekt auf Ihr Gewicht oder Ihren Metabolismus. Die richtigen Fette können Ihren Gewichtsverlust sogar unterstützen. Wenn Sie mehr Fette konsumieren, wird nicht nur Ihr Gehirn und Verlangen gestillt, sondern Sie bleiben auch länger satt.

Gesunde Fette sind Omega 3 und Omega 6, sowie Omega 9 mono-gesättigte Fettsäuren. Gute Quellen für diese Fette sind Avocados, Kokosnussöl, Olivenöl, Oliven, Nüsse und Samen. Fette in Ihre Speisen zu integrieren, kann auch bei der Absorption von fettlöslichen Vitaminen helfen. Tomaten und Karotten zum Beispiel werden unter der Zugabe von Fett besser vom Körper aufgenommen und können so das Provitamin A an den Körper abgeben.

Tipps für hilfreiche Lebensmittel

- Nüsse und Samen sind nicht nur reich an gesunden Fetten, sondern auch vollgepackt mit Vitaminen, Mineralien, Proteinen und Ballaststoffen. Genießen Sie vor allem Macadamia-Nüsse, Mandeln, Erdnüsse, Cashewnüsse, Pekannüsse sowie Sonnenblumenkerne, Sesam, Hanf, Chia-Samen oder auch Kürbissamen. Versuchen Sie am besten täglich zwei Esslöffel Nüsse, die reich an Omega-3 Fettsäuren sind, in Ihre Ernährung zu integrieren.

- Essen Sie Blattgemüse, da es reich an Omega 3 Fettsäuren ist.

- Sojaprodukte und Fisch enthalten ebenfalls Omega 3 Fettsäuren.

- Integrieren Sie täglich mono-gesättigte Fettsäuren, wie z.B. Oliven, Olivenöl, Avocados und Macadamia-Nüsse.

- Benutzen Sie Kokosnussöl, Kokosnussmilch und Joghurt bzw. Kefir.

- Entscheiden Sie sich für ein kaltgepresstes Öl, wie z.B. Kokosnussöl, Avocado-Öl, Olivenöl oder auch Nussöle. Sie können diese auch über Salate träufeln oder für Dips und Smoothies verwenden. Vermeiden Sie Sonnenblumenöl, Soja oder Mais-

und Gemüseöle sowie erhitze Öle und Margarine.

Tipps für eine ausgewogene Ernährung

Davon kann haufenweise auf dem Teller:

Wenigstens die Hälfte Ihres Tellers sollte mit einer farbenprächtigen Auswahl an Gemüse gefüllt sein. Einige dieser Gemüsesorten sind Spargel, Aubergine, Brokkoli, Rosenkohl, Zucchini, Gurke, Blumenkohl, Sellerie, Löwenzahn, Endivien, Fenchel, Knoblauch, Ingwer, Artischocke, grüne Bohnen, Paprika, Grünkohl, Lauch, Pilze, Zwiebel, Radieschen, Feldsalat, Spinat, Tomaten oder auch Wasserkresse.

Davon sollten Sie reichlich essen:

Diese ballaststoffreichen und proteinreichen Nahrungsmittel enthalten „langsame" Kohlenhydrate, die große Insulinschwankungen verhindern. Dazu gehören Butterbohnen, schwarze Bohnen, Cannelloni Bohnen, Sojabohnen, Fisch, Kichererbsen, Bohnen, Linsen und Pinto Bohnen.

Dies sollten Sie in Maßen genießen:

Glutenfreies Getreide und stärkehaltige Lebensmittel sind nur in begreznten Mengen zu empfehlen. Essen Sie höchstens eine Portion davon täglich. Idealerweise können Sie dies zusammen mit ihrem Abendessen essen: Amaranth, Buchweizen, glutenfreie Haferflocken, Hirse, Quinoa, Reis (Vollkorn), Rote Bete, Karotten sowie Süßkartoffeln.

Dunkle Beeren wie Blaubeeren, Kirschen, Himbeeren, Johannisbeeren sowie Zitrusfrüchte sind auch bekannt für ihre gesundheitsfördernde Wirkung. Sie sind die besten niedrig-glykämischen Lebensmittel, die man konsumieren kann.

Steinfrüchte wie Nektarinen, Pflaumen, Äpfel und Birnen sind ebenfalls eine gute Quelle für Ballaststoffe und geben daher auch „langsame" Kohlenhydrate ins Blut ab. 1-2 Portionen davon sind täglich erlaubt.

Das sollten Sie eher selten zu sich nehmen:

Passen Sie auf Ihren Verbrauch von zuckerhaltigen Früchten auf. Darunter fallen vor allem tropische Früchte wie Melonen, Trauben und Ananas. Kombinieren Sie diese am besten mit Proteinen und Fett. Getrocknete Früchte haben besonders viel Zucker, daher ist es besser, sie zu meiden. Natürlich sind vor allem Datteln öfter ein Bestandteil von Rezepten. Wenn Sie diese mit einer Proteinquelle kombinieren, dann verlangsamt sich die Abgabe des Zuckers ins Blut und kann somit ohne schlechtes Gewissen konsumiert werden.

Zucker kann durch Xucker oder Süßstoff ersetzt werden. Allerdings wird Süßstoff im Körper anders verstoffwechselt und sollte daher auch nur in Maßen eingesetzt werden. Xylit ist ein Birkenzucker und kann in größeren Mengen abführend wirken. Wenn man diesen Xucker nicht gewöhnt ist, kann einem davon auch schon mal übel werden. Gewöhnen Sie sich langsam an den neuen

Xucker. Dann kann er relativ problemlos verwendet werden. Greifen Sie zudem auf Kokosblütenzucker oder Ahornsirup zurück. Aber wie gesagt, alles in Maßen.

Dies sollten Sie am besten vermeiden:

Glutenhaltige Getreide rufen oft Allergien hervor und können Sodbrennen fördern. Sie machen es Ihnen generell deutlich schwerer, Gewicht zu verlieren. Halten Sie sich daher besonders fern von Weißmehl, Weizen, Gerste, Roggen und Pasta.

Zu viel weißer Zucker ist ebenfalls nicht gesund und sollte vermieden werden. Das gilt auch für Agavennektar, Rohrzucker, Fruchtsüße oder Molasse.

10 Superfoods, die Sie in Ihre Low Carb-Ernährung integrieren sollten:

- **Blattgemüse** - bedeutet Grünkohl, Mangold und Spinat. Vielleicht bevorzugen Sie Grünkohl, weil es reich an Flavonoiden, Carotinoiden, Antioxidantien, Omega 3, Ballaststoffen, Vitamin K, Kalzium, Folsäure und Eisen ist. Spinat hat doppelt so viele Ballaststoffe wie anderes Grün und gibt Ihnen Folsäure, Vitamin B1, B2, B6, Vitamin A, Kalzium, Vitamin C, Omega 3, Eisen, Niacin, Phosphor und Beta-Karotin. Es wird Ihren Blutdruck senken und im Kampf gegen Herzkrankheiten und Knochenabbau helfen.

- **Beeren** - die vorteilhaftesten Beeren sind Erdbeeren, Himbeeren, Heidelbeeren und Goji-Beeren. Beeren haben Fruktose, aber Ihr Körper braucht diesen Zucker um gesund zu bleiben. Heidelbeeren haben Antioxidantien, Vitamine A, C, E und K, Zink, Kalzium, Mangan, Lycopin, Ballaststoffe, Niacin, und helfen zusätzlich noch gegen Herz-Kreislauferkrankungen.

- **Quinoa** - wird in der Regel als Getreide bezeichnet, ist aber eigentlich ein Samenkorn, verwandt mit Spinat und Roter Bete. Es gibt Quinoa in einer Vielzahl von Farben und es hat zwei große Verkaufsargumente: Es ist glutenfrei und eine große Proteinquelle. Proteinquellen sind selten in der Pflanzenwelt, sodass Quinoa eine ausgezeichnete Quelle für Vegetarier darstellt. Es ist reich an Eisen, Kalzium und enthält große Mengen an Mangan, Magnesium, Kupfer und Ballaststoffe. Es ist wirklich einfach zu kochen und schmeckt lecker in einem Salat.

- **Amaranth** - ein weiteres glutenfreies Getreide, welches eine große Quelle für Proteine, Folsäure und Vitamin B6 darstellt. Es ist eine gute Quelle für Ballaststoffe und eines der wenigen Körner, dass die Aminosäure Lysin enthält. Es wird nur noch von Quinoa übertroffen, in Bezug auf den Gehalt an Eisen. Es hat auch gezeigt, dass es dabei hilft, den Cholesterinspiegel zu senken. Es ist außerdem das einzige Korn, dass eine Quelle für Vitamin C ist.

- **Süßkartoffel** - die Knollen sind eine wunderbare Quelle für Vitamine und Mineralstoffe. Sie sind reich an Vitaminen A, C, D, B6 und voller Mineralien, Kalium, Eisen und Magnesium. Diese Kartoffeln werden garantiert ein fester Bestandteil Ihrer Ernährung sein.

- **Kiwi** - die köstliche, leicht säuerliche Frucht ist ein Beweis dafür, dass etwas kleines auch große Dinge bewirken kann. Eine große Kiwi deckt Ihre gesamte empfohlene Tagesdosis an Vitamin C ab. Sie sind auch reich an Vitaminen A und E. Ich empfehle, dass Sie zumindest ein paar davon wöchentlich essen.

- **Chiasamen und Leinsamen** - die Samen sind eine der größten Quellen von Omega 3 und Omega 6. Die einzig andere Möglichkeit, diese Fettsäuren zu konsumieren, sind Fischöle. Chiasamen sind eine gute Proteinquelle, sowie reich an Kalzium, Kalium, Ballaststoffen und Vitamin B. Leinsamen hemmen zur Bekämpfung von Krebs das Tumorwachstum und werden für die Reduzierung des Hormonstoffwechsels vorgeschlagen.

- **Avocados** - sind eine wunderbare Quelle für ungesättigte Fette, auch reich an Kalium, Folsäure sowie Vitamin K und E. Sie sind eine tolle Ergänzung zu Sandwiches oder Salaten.

- **Spirulina und Chlorella** - Spirulina ist eine Cyanobakterie, die zu den nährstoffreichsten Nahrungsquellen auf dem Planeten zählt. Es ist eine hohe Proteinquelle, die reich an B-Vitaminen ist und auch helfen soll, eine richtige Anämie zu verbessern, radioaktive Schäden zu verringern und den Cholesterinspiegel zu senken. Chlorella ist eine ähnliche grüne Alge, die als Entgiftung für den Körper wirkt. Wenn diese beiden Algen kombiniert werden, können Sie einen entscheidenden Effekt auf Ihre Gesundheit haben. Doch Achtung, der Geschmack kann anfangs etwas gewöhnungsbedürftig sein.

- **Mandeln** - diese Nüsse sind voller Vitamine, gesunden Fetten und Ballaststoffe. Wegen Ihres hohen Fettgehalts sind sie reich an Kalorien und machen sie so zu dem perfekten Essen für einen Snack. Sie können auch mit Haferflocken, Desserts und Salaten kombiniert werden. Nehmen Sie ab und zu eine kleine Portion für später mit, die Sie bei sich tragen können.

Der Schlüssel zum Erfolg

Der Schlüssel zum Erfolg ist eine breite Vielzahl an Nahrungsmittel zu essen und zu versuchen, alle Arten von Nährstoffen darin zu integrieren:

- **Proteine** - Eiweiß ist der Hauptbestandteil unserer Haut, Haare sowie Nägel und wir brauchen es, um gesund zu bleiben. Wie bereits erwähnt ist Fleisch nicht die einzige Quelle von Proteinen. Spinat, Grünkohl, Soja, Bohnen, getrocknete Tomaten, Rosenkohl, Brokkoli und Erbsen sind nur einige der häufigsten und leckersten Optionen. Zum Glück gibt es hier eine sehr lange und vielseitige Liste.

- **Kalzium** - es wird empfohlen, pro Tag mindestens 1000mg Kalzium zu konsumieren, also das Äquivalent von drei Tassen Milch oder Joghurt. Milch und Joghurt sind in einer vegetarischen Ernährung erlaubt (nicht bei veganer Ernährung), aber es gibt auch andere große Kalziumquellen wie grünes Blattgemüse, Brokkoli, Bohnen, Feigen, Sonnenblumen und Getreide. Vegetarier und Veganer sollten mindestens zwei Portionen davon in ihre tägliche Ernährung integrieren, um die täglich benötigte Dosis an Kalzium zu erhalten.

- **Vitamin D** - Vitamin D hilft Kalzium zu absorbieren und es zu Knochen und Ihren Zähnen zu transportieren. Ihr Körper kann sein eigenes Vitamin D produzieren, jedoch hilft der Verzehr von Nahrungsmitteln mit einem hohen Gehalt an Vitamin D vor allem in den Wintermonaten. Soja, Milchprodukte und Eier sind nur ein paar von vielen guten Quellen für Vitamin D.

- **Eisen** - Eisen hilft bei der Produktion von Hämoglobin sowie Blutzellen, und verhindert die Entwicklung einer Anämie. Zu finden ist es in Getreide, getrockneten Früchten, Melasse, Sesam, Soja und in dunklem Blattgemüse. Aber vergessen Sie nicht, dass man auch einen hohen Anteil an Vitamin C braucht, um das Eisen mit dem Körper aufnehmen zu können.

- **Vitamin B12** - dieses Vitamin ist in tierischen Produkten, aber auch in Milchprodukten und Eiern enthalten. Menschen, die Milchprodukte und Eier zusätzlich zu einer vegetarischen Ernährung essen möchten, erhalten viel von diesem Vitamin. Veganer können manchmal nicht genug davon bekommen und sollten Vitamin B-12 zu ihrer Ernährung ergänzen.

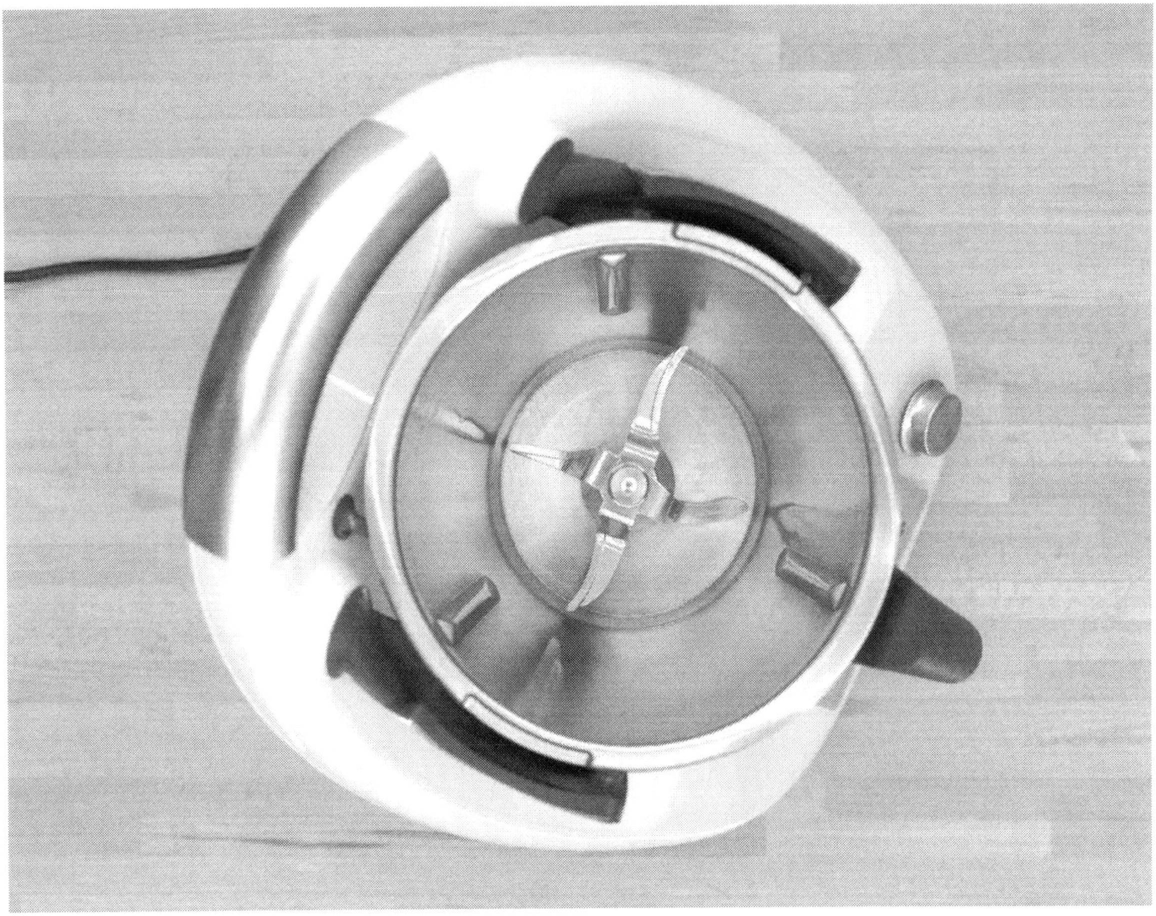

MIXEN ZUM GENIEßEN

Das Mixgerät ist ein Hightech-Küchenhelfer, der viele unterschiedliche Funktionen in einem Gerät vereint und dabei platzsparender nicht sein könnte. Der Durchmesser des Mixers ist nicht größer als ein Blatt Papier, er passt also problemlos selbst in die kleinste Küche. Er bringt folgende Funktionen mit:

- **Dampfgaren:** Das Mixgerät besitzt einen eigenen Aufsatz, der sich „Varoma“ nennt. Er gart sowohl Gemüse, wie auch Fisch und Fleisch schonend mit der entsprechenden Funktion.

- **Emulgieren:** Bereiten Sie Dressings für Salate in Sekundenschnelle im Mixer zu.

- **Kneten:** Das Mixgerät verfügt über eine Knetfunktion, die Ihnen bei der Zubereitung vom Teig viel Arbeit erspart.

- **Kochen:** Mit dem Mixer können Sie kochen, und das weitaus besser als bisher. Sie haben jederzeit die volle Kontrolle über Temperatur, Zeit und Rührintensität. Mit ein paar wenigen Einstellungen können Sie nahezu jedes Gericht zubereiten.

- **Kontrolliert erhitzen:** Die Temperatur kann von 37° C bis 120° C eingestellt und beliebig erhöht oder vermindert werden.

- **Mahlen:** Kreieren Sie leicht Ihre eigene Gewürzmischung und mahlen Sie alles einfach per Knopfdruck. Auch Nüsse und Samen sind kein Problem.

- **Mixen:** Ein Handmixer ist nicht mehr nötig. Mixen Sie Ihren Smoothie einfach mit diesem einzigartigen Mixgerät.

- **Rühren:** Stellen Sie einfach die Rührstufe ein und passen Sie sie an das jeweilige Gericht an. Viele Gerichte müssen regelmäßig gerührt werden. All das erledigt dieser Mixer für Sie.

- **Schlagen:** In kürzester Zeit schlägt das Mixgerät für Sie Sahne oder Eiweiß auf.

- **Vermischen:** Aufstriche oder Saucen lassen sich mit einem Knopfdruck vermischen und sind in wenigen Minuten fertig.

- **Wiegen:** Der Mixer verfügt über eine eigene Waage, so dass die Zutaten bequem eingewogen werden können.

- **Zerkleinern:** Das Mixgerät verfügt zudem über scharfe Messer und zerkleinert problemlos und in Sekundenschnelle Käse, Schokolade, Kräuter, Zwiebeln, Knoblauch und vieles mehr.

Für welchen Personenkreis geeignet

Der Mixer eignet sich hervorragend für alle Leute, die das Backen genießen, Kochen lieben und dabei ein gutes Resultat erzielen möchten. Die Vorgänge sind einfach und leicht zu verstehen und so dauert es nicht lange, bis erste Erfolge sichtbar werden. Vom Kuchen bis zur Gulaschpfanne – alles ist hier möglich und in nur wenigen Minuten zubereitet.

Besonders junge Familien werden von diesem Mixgerät profitieren. Manchmal bleibt das Kochen wegen Job, Familie und

Freizeitaktivitäten auf der Strecke. Da ist der Mixer mehr als nur ein kleiner Küchenhelfer. Er hilft Ihnen dabei, sich ausgewogen zu ernähren und trotzdem noch genug Zeit für alle Ihre anderen Aktivitäten zu haben. Lassen Sie uns daher gleich loslegen.

60 LECKERE REZEPTE ZUM MIXEN

FRÜHSTÜCKSREZEPTE

MEDITERRANES TOMATENBROT

20 Portionen

Zutaten:

600g Leinsaat

60g getrocknete Tomaten

10 Eiweiß

4 Eier

12 EL Olivenöl

1 EL Backpulver

Salz

2 Stiele Oregano

2 Stiele Thymian

Zubereitung:

Heizen Sie Ihren Backofen auf 200 Grad Ober-und Unterhitze vor. Waschen Sie die Kräuter, trocken schütteln und werfen Sie die Stiele weg.

Die Leinsaat in den Mix-Topf geben und aus Stufe 8 dann 10 Sekunden fein zerkleinern. Zerkleinern Sie dann die Tomaten auf Stufe 5 für 4 Sekunden. Benutzen Sie den Spatel, um sie herunterzuschieben, fügen dann Leinsaat, Backpulver und Salz hinzu.

Mischen Sie alles auf Stufe 3 für 5 Sekunden. Dann geben Sie das Eiweiß und die Eier hinzu und alles für 5 Minuten mit der Knetfunktion vermischen. Geben Sie 250 ml kaltes Wasser hinzu und kneten es für weitere 2 Minuten. Geben Sie langsam das Olivenöl hinzu und lassen es dabei weiter kneten.

Eine Brotbackform mit Backpapier auslegen und die Brotmasse in die Form füllen. Backen Sie die Masse auf mittlerer Stufe für 40 Minuten im Backofen.

Lassen Sie alles für 10 Minuten abkühlen und stürzen Sie dann das Brot aus der Form. Zum Schluss vollständig auskühlen lassen.

KCAL	EW	KH	FETT
233	10g	2g	18g

LEINSAAT-BROT

20 Portionen

Zutaten:

600g Leinsaat

10 Eiweiß

4 Eier

6 EL Olivenöl

6 EL Rapsöl

1 EL Backpulver

Salz

Zubereitung:

Den Backofen auf 200 Grad Ober- und Unterhitze vorheizen. Auf Stufe 8 die Leinsaat für 10 Sekunden im Mix-Topf zerkleinern, bis alles sehr fein gemahlen ist. Das Backpulver, Salz, Eiweiß und Eier untermischen und alles mit der Knetfunktion für weitere 5 Minuten verrühren. Geben Sie dann 250ml kaltes Wasser dazu und vermischen alles für weitere 2 Minuten.

Olivenöl und Rapsöl langsam dazugeben und dabei weiter kneten. Legen Sie eine geeignete Form (z.B. eine Kastenform) mit Backpapier aus und füllen Sie die Masse hinein. Backen Sie die Brotmischung in Ofen auf mittlerer Stufe für 40 Minuten. Lassen Sie alles für 10 min auskühlen und stürzen Sie dann das Brot aus der Form. Vollständig auskühlen lassen.

KCAL	EW	KH	FETT
227	10g	2g	18g

WALNUSSBROT

15 Portionen

Zutaten:

500g Leinsamen

125g Walnussmehl

1 EL Salz

10g Hefe

2 TL Süßstoff

½ TL Olivenöl

Zubereitung:

Geben Sie die Leinsamen in den Mix-Topf und fügen Sie dann das Salz hinzu. Zerkleinern Sie alles auf Stufe 8 für 7 Sekunden, bis die Leinsamen sehr fein gemahlen sind. Füllen Sie es in einen anderen Behälter um. Die Hefe, 350 ml lauwarmes Wasser und den Süßstoff in den Mix-Topf geben. Mit der Knetfunktion für 30 Sekunden verrühren. Fügen Sie die Leinsamen und das Walnussmehl hinzu und verrühren alles mit der Knetfunktion für 5 Minuten zu einem glatten Teig. Wenn Sie feststellen, dass der Teig zu trocken ist, dann fügen Sie noch 1 bis 2 Esslöffel Wasser hinzu.

Formen Sie den Teig zu einer Kugel und legen ihn in eine Schüssel. Decken Sie die Schüssel mit Klarsichtfolie ab und lassen alles, an einem warmen Ort für eine Stunde ruhen. Wenn sich das Volumen des Teiges verdoppelt hat, kneten Sie den Teig noch einmal kräftig mit der Hand durch. Legen Sie ein Backblech mit Backpapier aus und legen Sie den Teig darauf. Bestreichen Sie eine große Schüssel mit Öl und legen Sie sie über den Teig. Den Teig noch einmal 45 Minuten lang ruhen lassen.

Den Backofen auf 250 Grad vorheizen. Stellen Sie ein mit 450 ml gefülltes tiefes Backblech auf die unterste Schiene. Schieben Sie das Backblech mit dem Teig in den heißen Ofen und backen Sie alles auf mittlerer Schiene für 10 Minuten. Nehmen Sie nach 10 Minuten das Blech mit dem Wasser aus dem Ofen und reduzieren Sie die Ofentemperatur auf 210 Grad. Das Brot für weitere 35 Minuten fertig backen. Bei geöffneter Ofentür für weitere 5 Minuten backen. Anschließend auf einem Gitter abkühlen lassen.

KCAL	EW	KH	FETT
195	10g	8g	10g

MANDELBROT

15 Portionen

Zutaten:

500g Leinsamen

125g Mandelmehl

1 EL Salz

10g Hefe

½ TL Olivenöl

Zubereitung:

Geben Sie die Leinsamen in den Mix-Topf. Fügen Sie das Salz hinzu und zerkleinern alles auf Stufe 8 für 7 Sekunden. Die Hefe zusammen mit 350ml lauwarmen Wasser in den Mix-Topf geben und alles mit der Knetfunktion für 5 Minuten zu einem glatten Teig verrühren. Wenn der Teig trocken ist, dann fügen Sie einfach noch 2 Esslöffel Wasser hinzu. Formen Sie den Teig zu einer Kugel und legen Sie ihn in eine Schüssel. Die Schüssel mit Folie abdecken. Anschließend etwas ruhen lassen, bis sich das Volumen des Teigs verdoppelt hat. Legen Sie ein Backblech mit Backpapier aus und legen Sie den Teig darauf. Bestreichen Sie eine große Schüssel mit Öl und legen Sie sie über den Teig. Den Teig noch einmal 45 Minuten lang ruhen lassen.

Den Backofen auf 250 Grad vorheizen. Stellen Sie ein mit 450ml gefülltes tiefes Backblech auf die unterste Schiene. Schieben Sie das Backblech mit dem Teig in den heißen Ofen und backen Sie alles auf mittlerer Schiene für 10 Minuten. Nehmen Sie nach 10 Minuten das Blech mit dem Wasser aus dem Ofen und reduzieren Sie die Ofentemperatur auf 210 Grad. Das Brot für weitere 35 Minuten fertig backen. Bei geöffneter Ofentür für weitere 5 Minuten backen. Anschließend auf einem Gitter abkühlen lassen.

KCAL	EW	KH	FETT
195	10g	8g	10g

OLIVEN UND PARMESAN FOCACCIA

Zutaten:

½ Tasse Leinsamenmehl

1 Ei

4 EL Wasser

1 EL Tasse Olivenöl

1 EL Tasse geröstete Sesamkerne

¼ TL Backpulver

¼ TL Knoblauchsalz

1 Prise Pfeffer

15g geriebener Parmesan

40g Oliven, in Scheiben

Zubereitung:

Ei im Mix-Topf schaumig schlagen (4 Minuten auf Stufe 4). Rühren Sie die übrigen Zutaten, außer den Oliven unter. Lassen Sie den Teig für ein paar Minuten ruhen. Den Teig in einer Pfanne gut verteilen. Streuen Sie die geschnittenen Oliven darüber.

Die Focaccia für ca. 20 Minuten bei 180 Grad backen.

Nährwerte insgesamt:

KCAL	EW	KH	FETT
1275	17g	6g	127g

RÄUCHERLACHSAUFSTRICH

12 Portionen

Zutaten:

500g Räucherlachs

500g Crème Fraîche

1 Zitrone

3 Stiele Dill

Pfeffer, Süßstoff nach Belieben

Zubereitung:

Den Lachs in den Mix-Topf geben und aus Stufe 8 für 7 Sekunden zerkleinern. Die Crème Fraîche hinzufügen und anschließend auf Stufe 10 für 5 Sekunden pürieren. Pressen Sie eine Zitronenhälfte aus und geben Sie sie hinzu. Waschen Sie den Dill und hacken Sie ihn grob. Dann geben Sie ihn ebenfalls in den Topf. Mit Pfeffer und Süßstoff nach Belieben verfeinern und auf Stufe 10 für 4 Sekunden pürieren.

KCAL	EW	KH	FETT
210	9g	2g	18g

SCHNITTLAUCH-CHILI-AUFSTRICH

8 Portionen

Zutaten:

500g Crème Fraîche

300g saure Sahne

1 Bund Schnittlauch

2 grüne Chilischoten

½ Limette

1 Knoblauchzehe

Salz, weißer Pfeffer

Zubereitung:

Schnittlauch waschen und fein schneiden. Den Saft einer Limette auspressen, dann Knoblauch schälen. Knoblauchzehe, Limettensaft, Chilischoten und die Hälfte der Crème Fraîche in den Mix-Topf füllen und alles aus Stufe 8 für 5 Sekunden fein pürieren. Die übrige Crème Fraîche, saure Sahne, Schnittlauch und Gewürze hinzufügen und anschließend auf Stufe 3 für 8 Sekunden verrühren.

Am besten die Kerne der Chili entfernen, weil es sonst leicht sehr scharf werden kann.

KCAL	EW	KH	FETT
270	3g	4g	26g

HAFER-MANDELBREI MIT FRÜCHTEN

1 Portion

Zutaten:

60g frische Himbeeren

30g Mandeln

15g Haferkleie

1 EL Süßstoff bzw. Xucker

135g Milch, fettarm

Zubereitung:

Mahlen Sie die Mandeln im Mix-Topf auf Stufe 8 für etwa 10 Sekunden, bis sie fein sind. Die Hafer-kleie, Xucker und Milch hinzugeben. Alternativ können Sie auch eine Milch auf pflanzlicher Basis nehmen, wie zum Beispiel Hafermilch oder Mandelmilch.

Die Zutaten unter Rühren für etwa 8 Minuten erhitzen (auf 100 Grad bei Stufe 2). Füllen Sie den Mandelbrei in Schälchen und garnieren Sie ihn mit Himbeeren, nach Belieben.

KCAL	EW	KH	FETT
272	13g	13g	17g

EIAUFSTRICH MIT OLIVEN

2 Portionen

Zutaten:

4 Eier

60g Quark

30g Joghurt

6 Oliven (grün, kernlos)

Zitronenabrieb (von einer unbehandelten Zitrone)

2 Zweige Estragon

Salz, Pfeffer

Curry

Zubereitung:

Kochen Sie die Eier, bis sie hart sind. Die Oliven würfeln und den Estragon fein hacken. Geben Sie den Quark und Joghurt in den Mix-Topf und verrühren Sie alles für 5 Sekunden auf Stufe 3. Die übrigen Zutaten hinzufügen und für weitere 3 Sekunden auf Stufe 2 verrühren. Mit Salz und Pfeffer und Curry abschmecken

Nährwerte pro 100g:

KCAL	EW	KH	FETT
155	1g	2g	1g

LOW CARB-DIP MIT FETA UND GURKEN

1 Portion

Zutaten:

50g Feta

130g Magerquark

½ kleine Gurke

¼ TL Zitronensaft

¼ Knoblauchzehe

Pfeffer, Salz

Zubereitung:

Schälen Sie ein Stück Gurke und entfernen Sie die Kerne. Schneiden Sie die Gurke grob. Schälen Sie die Knoblauchzehe grob und würfeln Sie den Feta in grobe Stücke. Geben Sie die Gurke und den Knoblauch in den Mix-Topf und zerkleinern Sie alles auf Stufe 4 für 5 Sekunden.

Geben Sie die restlichen Zutaten hinzu. Auf Stufe 3 im Thermomix verrühren, bis alles gut vermischt ist. Mit Pfeffer und Salz abschmecken.

Nährwerte pro 100g:

KCAL	EW	KH	FETT
221	25g	6g	9g

SUPPEN

FRÜHLINGSEINTOPF MIT HÄHNCHEN

2 Portionen

Zutaten:

300g Möhren

250g Brokkoli

350g Hähnchenbrust

½ Bund Suppengrün

½ Zwiebel

1 EL Sonnenblumenöl

1 Lorbeerblatt

Salz, Pfeffer, Muskat

Zubereitung:

Die Möhren schälen und den Brokkoli waschen und die Röschen abzupfen. Die Hähnchenbrust waschen, trocken tupfen und in Würfel schneiden. Das Suppengrün putzen, dann waschen. Die Möhren, das Suppengrün und die geschälte Zwiebel in den Mix-Topf geben und auf Stufe 7 für 5 Sekunden zerkleinern.

Fügen Sie das Öl hinzu, zusammen mit dem Gemüse und alles bei 100 Grad/Stufe 2/Linkslauf für 3 Minuten braten. Gießen Sie 2 Liter Wasser hinzu. Lorbeer, Salz, Pfeffer und die Hähnchenbrust hinzugeben und bei 100 Grad/Stufe 2/Linkslauf für 50 Minuten köcheln lassen. 4 Minuten vor Ende des Garens, den Brokkoli hinzufügen und mit den Gewürzen abschmecken.

KCAL	EW	KH	FETT
320	35g	14g	13g

DEFTIGE ZUCCHINISUPPE

1 Portion

Zutaten:

200ml Gemüsebrühe

225g Zucchini (grob, in Stücken)

5 kleine Scheiben Zucchini (zum Garnieren)

40g Sahne

15g Butter

1 EL Olivenöl

1 Prise Muskatnuss

Salz, Pfeffer

Zubereitung:

Die Butter und die Zucchini für 7 Minuten auf Stufe 1 bei 100 Grad dünsten. Anschließend die Gemüsebrühe hinzugeben und alles für weitere 15 Minuten auf Stufe 1 bei 100 Grad kochen. Die Suppe für 20 Sekunden auf Stufe 10 pürieren.

Sahne, Pfeffer, Salz, Muskatnuss hinzufügen und auf Stufe 3 bei 100 Grad alles erwärmen. Die Suppe auf einem Teller servieren. Die Zucchini Scheiben langsam in Olivenöl anbraten und die Suppe damit nach Belieben garnieren.

Nährwerte pro 100ml:

KCAL	EW	KH	FETT
520	8g	13g	46g

GEMÜSE-EINTOPF

2 Portionen

Zutaten:

½ Aubergine

2 Knoblauchzehen

1 Zwiebel

250g Spitzpaprika

2 Tomaten

200g Kichererbsen (Dose)

600ml Gemüsebrühe

2 Stiele Basilikum

2 EL Olivenöl

Salz, Pfeffer

1 EL Weißweinessig

Zubereitung:

Die Kichererbsen in einem Sieb unter fließendem Wasser abspülen und abtropfen lassen. Die Paprika putzen, waschen und in Ringe schneiden. Die Aubergine und die Tomaten waschen und grob würfeln. Den Knoblauch und die Zwiebel schälen, dann vierteln und in den Mix-Topf geben. Zerkleinern Sie alles für 7 Sekunden auf Stufe 5.

Fügen Sie das Öl hinzu und dünsten Sie alles bei 100 Grad auf Stufe 1. Fügen Sie die Auberginen hinzu und dünsten Sie sie für 3 Minuten. Geben Sie den Rest des Gemüses hinzu und gießen Sie es mit Gemüsebrühe auf. 15 Minuten bei 90 Grad auf Stufe 2 Linkslauf kochen und dann mit Salz und Pfeffer abschmecken. Waschen Sie das Basilikum und zupfen Sie die Blätter von den Stielen. Nach Belieben mit Basilikum garnieren.

KCAL	EW	KH	FETT
125	0g	18g	0g

KÜRBISSUPPE

2 Portionen

Zutaten:

350g Kürbis

150ml Kokosmilch

150ml Gemüsebrühe

1 mittlere Zwiebel

2 Knoblauchzehen

1 EL ÖL

1 TL Curry

Salz, Chili

Zubereitung:

Schälen Sie die Zwiebel und den Knoblauch. Vierteln Sie sie und geben Sie in den Mix-Topf. Zerkleinern Sie alles für 7 Sekunden auf Stufe 5. Geben Sie das Öl und den Curry dazu und dünsten es bei 100 Grad auf Stufe 1. Fügen Sie den Kürbis hinzu. Gießen Sie alles mit Gemüsebrühe und Kokosmilch auf und lassen Sie es für weitere 20 Minuten kochen. Anschließend auf Stufe 8 pürieren, salzen und abschmecken.

KCAL	EW	KH	FETT
140	0g	18g	1g

BROKKOLI-CREME-SUPPE

2 Portionen

Zutaten:

1 TL Kokosöl

1 Brokkoli

1 kleine Zwiebel

1 Knoblauchzehe

2 Tassen Wasser

100 g Crème Fraîche

½ Zitrone

Salz, Pfeffer

Chili

Zubereitung:

Die Zwiebel und den Knoblauch schälen und fein hacken. In den Mix-Topf geben. Für 5 Sekunden auf Stufe 5 zerkleinern.

Geben Sie das Kokosöl hinzu. Für 2 Minuten auf Varoma Stufe 1 dünsten. Den Brokkoli zerkleinern und ebenfalls in den Mix-Topf geben. Für 5 Minuten bei 100 Grad auf Stufe 1 dünsten.

Gießen Sie es mit Wasser auf und fügen Pfeffer und Chili hinzu. Für weitere 5 Minuten köcheln lassen und mit frischen Zitronensaft beträufeln.

KCAL	EW	KH	FETT
89	0g	5g	1g

KOKOSSUPPE

2 Portionen

Zutaten:

400ml Kokosmilch

300ml Hühnerbrühe

1 Zwiebel

1 Knoblauchzehe

½ kleine Chilischote, rot

2 EL Öl

1 kleines Stück Ingwer

1 TL Curry

Zubereitung:

Zwiebel und Knoblauch schälen, Chili entkernen und alles in den Mixtopf geben, 7 Sek. auf Stufe 5 zerkleinern, Öl zufügen und bei 100° C auf Stufe 1 dünsten.

Curry und geriebenen Ingwer dazugeben und ganz kurz mitdünsten und mit Hühnerbrühe ablöschen, Kokosmilch dazugeben, 10 Min. bei 90° C auf Stufe 2 weiter köcheln lassen. Anschließend auf Stufe 7 fein pürieren.

KCAL	EW	KH	FETT
89	0g	5g	0g

LECKERE LAUCHCREMESUPPE

1 Portion

Zutaten:

75ml Milch (fettarm)

70g Lauch (in Streifen geschnitten)

10g Butter

1 TL Speisestärke

15g Schmelzkäse

Salz, Pfeffer

etwas Muskat

etwas Paprikapulver

25g Sahne

125ml Gemüsebrühe

Schnittlauch (zum Streuen)

Zubereitung:

Den Lauch in den Garaufsatz geben. Dann die Brühe in den Mix-Topf füllen. Den Gareinsatz mit dem Lauch hineinsetzen. Alles für 15 Minuten auf Stufe 1 Varoma garen. Benutzen Sie die Spatel, um den Garaufsatz herauszunehmen. Die Speisestärke zu der Brühe geben und für 5 Sekunden auf Stufe 5 vermischen.

Die Hälfte des Lauchs zu der Brühe hinzufügen. Die andere Hälfte können Sie in eine Schüssel umfüllen. Butter, Sahne, Milch und Gewürze hinzufügen und für 6 Minuten auf Stufe 1 bei 100 Grad garen. 2 Minuten vor Ablauf der Garzeit den Schmelzkäse hinzufügen. Nach Belieben würzen und abschmecken. Danach zu dem Lauch in die Schüssel geben und servieren.

Nährwerte pro 100ml:

KCAL	EW	KH	FETT
270	7g	14g	19g

LOW CARB-BLUMENKOHLSUPPE

1 Portion

Zutaten:

1 ½ TL Öl

¼ Knoblauchzehe (klein)

1 kleines Stück Blumenkohl

¼ Zwiebel

250ml Gemüsebrühe

1 kleine Möhre

20g Schmelzkäse

1 EL Sahne

Zubereitung:

Knoblauch und Zwiebeln schälen und für 5 bis 8 Sekunden auf Stufe 5 zerkleinern. Alles mit dem Spatel nach unten schieben und dann bei Stufe 1 und 100 Grad für 3 Minuten andünsten.

Den Blumenkohl zerkleinern und die Möhren schälen und in Stücke schneiden. In den Mix-Topf geben und Schmelzkäse und Sahne hinzufügen. Alles 1 Minute lang stufenweise pürieren, von Stufe 4 bis Stufe 8. In einer Schüssel servieren.

Nährwerte pro 100ml:

KCAL	EW	KH	FETT
188	11g	13g	9g

HAUPTGERICHTE

EIERSALAT MIT SHRIMPS

2 Portionen

Zutaten:

2 Eier

4 EL Mayonnaise

6 EL Vollmilchjoghurt

100g Römersalat

1 Knoblauchzehe

½ Packung Shrimps (küchenfertig)

Salz, Pfeffer, Süßstoff

½ Bund Schnittlauch

Zubereitung:

Geben Sie die Eier in kochendes Wasser und garen Sie sie für ca. 9 Minuten. Anschließend in einem Topf mit kaltem Wasser abschrecken und pellen. Den Schnittlauch waschen und in kleine Röllchen schneiden. Die Mayonnaise und den Joghurt in den Mix-Topf geben. Fügen Sie dann Pfeffer, Salz, Süßstoff hinzu und mixen alles für 5 Sekunden auf Stufe 8. Die Eier grob hacken.

Geben Sie den Schnittlauch, die Eier und Shrimps in den Mix-Topf und vermischen Sie es auf Stufe 1/Linkslauf für 5 Sekunden. Nach Belieben abschmecken und würzen. Waschen Sie den Salat und in mundgerechte Stücke zupfen. Den Salat und den Eiersalat auf einem Teller anrichten und servieren.

KCAL	EW	KH	FETT
300	9g	6g	26g

SALAT MIT WÜRZIGEN HÜHNERBRUSTSTREIFEN

2 Portionen

Zutaten:

200g Hühnerbrustfilet

25g Parmesan

1 Chilischote

1 EL Sojasoße

½ rote Zwiebel

100g Cocktailtomaten

50g Rucola

100g Römersalat

50g Radicchio Salat

2 EL Balsamico Essig

3 EL Olivenöl

Salz, Pfeffer, Chilipulver, Cayennepfeffer

2 Stiele Basilikum

1 Stiel Petersilie

Zubereitung:

Das Hühnerbrustfilet waschen und trocken tupfen. Schneiden Sie es in ca. 1cm große Stücke. Dann die Chilischote schneiden und ein einer Schüssel mit der Sojasoße, Cayennepfeffer und dem Chili-pulver mischen. Geben Sie die Hühnerbrustfiletstreifen dazu und marinieren lassen.

Geben Sie den Parmesan in den Mix-Topf und auf Stufe 8 für 5 Sekunden zerkleinern. Füllen Sie den Parmesan in eine Schüssel um. Nehmen Sie das Fleisch aus der Marinade und geben Sie 1 Esslöffel Öl in den Mix-Topf. Auf 100 Grad erhitzen, Fleisch hinzufügen und bei 100 Grad/Stufe2/Linkslauf für 6 Minuten anbraten. Füllen Sie es nun um.

Waschen Sie die Kräuter, gut trocknen lassen und zupfen Sie die Blätter ab. Die Kräuter mit Salz, Pfeffer, Essig und dem restlichen Öl in den Mix-Topf geben und alles auf Stufe 8 für 4 Sekunden verarbeiten. Die Zutaten auf einem Teller anrichten und servieren.

KCAL	EW	KH	FETT
320	30g	5g	17g

SUPERFOOD-SALAT

2 Portionen

Zutaten:

250g Brokkoli

125g Champignons

200g Möhren

1 Avocado

½ Granatapfel

½ Limette

3 EL Olivenöl

50g Leinsamen

Salz, Pfeffer, Süßstoff

½ Bund Koriander

Zubereitung:

Waschen Sie den Brokkoli und schneiden Sie die Röschen ab. Schneiden Sie den Stiel in dünne Scheiben und lassen Sie dann alles in Salzwasser für 8 Minuten garen. Abgießen und kalt abschrecken.

Vierteln Sie den Granatapfel und lösen Sie die Kerne heraus. Die Champignons waschen, dann Möhren schälen. Geben Sie beides in den Mix-Topf und auf Stufe 7 alles für 5 Sekunden zerkleinern. Umfüllen. Die Avocado halbieren und den Stein herauslösen. Das Fruchtfleisch mit einem Löffel von der Schale lösen und in kleine Würfel schneiden.

Den Saft der Limette auspressen und mit Salz, Süßstoff, Pfeffer und Öl in den Mix-Topf geben. Waschen Sie den Koriander, trockenen lassen und die Blätter abzupfen. Geben Sie die Hälfte der Blätter in den Mix-Topf. Die Zutaten im Mix-Topf auf Stufe 8 für 4 Sekunden mixen und dann auf Stufe 2/Linkslauf für 3 Sekunden vermischen.

Granatapfelkerne und Brokkoli Röschen hinzufügen und nochmals für 3 Sekunden vermengen. Geben Sie alles in eine Salatschüssel. Mit den restlichen Korianderblättern garnieren.

KCAL	EW	KH	FETT
520	13g	12g	47g

FLEISCHWURST-SALAT MIT WEIßKOHL

2 Portionen

Zutaten:

20g Walnüsse

20g Rosinen

100g Munster-Käse

125g Fleischwurst

250g Weißkohl

1 TL süßer Senf

1 EL Apfelessig

1 EL Walnussöl

Salz, Pfeffer, Süßstoff

2 Stiele Petersilie

Zubereitung:

Putzen Sie den Weißkohl, dann waschen und in den Mix-Topf geben. Zerkleinern Sie ihn auf Stufe 7 für 10 Sekunden. Den Senf, Süßstoff, Essig, Pfeffer, Öl und Salz hinzufügen und alles auf Stufe 3/Linkslauf für 10 Sekunden vermischen. Im Kühlschrank für ca. 1 Stunde ziehen lassen.

Die Wurst in dünne Scheiben schneiden. Dann den Käse in den Mix-Topf geben und alles auf Stufe 8 für 4 Sekunden zerkleinern. Käse, Wurst, Nüsse und Rosinen in den Mix-Topf geben, anschließend den Weißkohl hinzufügen. Dann salzen, pfeffern und auf Stufe 1/Linkslauf für 10 Sekunden gründlich mixen.

Waschen Sie die Petersilie, gut abtrocknen und Blätter abzupfen. Den Salat in einer Schüssel anrichten und mit Petersilie bestreuen.

KCAL	EW	KH	FETT
510	22g	14g	41g

ITALIENISCHE SALATSCHÜSSEL

2 Portionen

Zutaten:

30g Bresaola-Schinken

70g Büffelmozzarella

50g Rucola

1 rote Paprika

1 Zucchini

1 Knoblauchzehe

2 EL Olivenöl

4 EL Balsamicoessig

Salz, Pfeffer

2 Zweige Rosmarin

1 Stiel Basilikum

Zubereitung:

Die Paprika waschen, putzen und halbieren und in feine Streifen schneiden. Waschen Sie die Zucchini, halbieren Sie sie und in feine Scheiben schneiden. Den Knoblauch schälen. Rosmarin waschen und gut trocknen. Das Basilikum waschen und die Blätter abzupfen.

Geben Sie 1 Esslöffel Öl in den Mix-Topf und fügen Sie dann Zucchini hinzu. Den Knoblauch und die Rosmarinzweige hinzufügen und alles bei 100 Grad/Stufe 2/Linkslauf für 3 Minuten anbraten. Salzen und pfeffern und mit 2 Esslöffel Essig ablöschen. Dann in eine Schüssel umfüllen.

Geben Sie 1 Esslöffel Öl in den Mix-Topf. Fügen Sie die Paprika hinzu und braten Sie alles bei 100 Grad/Stufe 2/Linkslauf für 3 Minuten an.

Den Rucola waschen und in mundgerechte Stücke zupfen. Den Mozzarella in kleine Würfel schneiden. Das gebratene Gemüse, Rucola, Mozzarella und Schinken in Schüsseln anrichten und mit Basilikum garnieren.

KCAL	EW	KH	FETT
280	15g	5g	22g

HÄHNCHENFILET MIT TOMATEN

2 Portionen

Zutaten:

600g Cocktailtomaten

250g Hähnchenfilet

2 kleine rote Zwiebeln

2 Knoblauchzehen

1 rote Chilischote

1 EL Olivenöl

½ Zitrone

Salz, Pfeffer

3 Stiele Basilikum

Zubereitung:

Tomaten und Hähnchenfilet waschen und gut trocknen. Tomaten vierteln. Dann Zwiebeln und Knoblauch schälen und in den Mix-Topf füllen. Chilischote hinzufügen und auf Stufe 5 für 4 Sekunden zerkleinern. Anschließend umfüllen. Hähnchen in Streifen schneiden und mit dem Öl in den Mix-Topf geben. Bei 100 Grad/Stufe 1/Linkslauf für 3 Minuten braten. Zwiebeln, Knoblauch, Tomaten, Chili zugeben und 5 Minuten mitbraten.

Zitrone heiß waschen, trocknen, Schale abreiben und den Saft auspressen. Basilikum waschen, trocknen, Blätter abzupfen. Zitronenschale und Zitronensaft, Salz, Pfeffer und die Hälfte der Basilikumblätter in den Mix-Topf geben und bei 80 Grad/Stufe 1/Linkslauf für 1 Minute garen. Abschmecken und mit den restlichen Basilikumblättern anrichten.

KCAL	EW	KH	FETT
240	31g	12g	6g

Überbackene Hähnchenpfanne

2 Portionen

Zutaten:

200g Hähnchenfilet

250g Rosenkohl

250g Brokkoli

1 Zwiebel

75g Pfifferlinge

50g Emmentaler

30g Speck

1 EL Paniermehl (z. B. Mandelmehl)

Salz, Pfeffer

3 Stiele Petersilie

Zubereitung:

Rosenkohl sowie Brokkoli waschen und Brokkoli in Röschen schneiden. Hähnchenfilet abspülen und die Zwiebel schälen. Die Pfifferlinge gründlich waschen. Rosenkohl und Brokkoli in den Varoma Behälter geben. Gesalzenes Wasser einwiegen und Varoma Einlegeboden einsetzen. Das Hähnchen hineinlegen. Varoma verschließen und alles für 15 Minuten/Varoma/Stufe 1 garen. Varoma absetzen und das Gemüse in ein Sieb geben. Speck und Zwiebel in den Mix-Topf geben und auf Stufe 5 für 4 Sekunden zerkleinern.

Danach Öl hinzufügen und bei 100 Grad/Stufe 1/Linkslauf für 1 Minute anbraten. Pfifferlinge hinzufügen und für 30 Sekunden mitbraten. Geben Sie den Rosenkohl und Brokkoli hinzu und für 20 Sekunden andünsten. Zu dem Hähnchen in eine ofenfeste Form umfüllen. Den Mix-Topf ausspülen. Den Käse hineingeben und auf Stufe 5 für 3 Sekunden zerkleinern. Fügen Sie das Paniermehl hinzu und auf Stufe 2 für 4 Sekunden vermischen. Die Mischung über das Hähnchen streuen. Im vorgeheizten Backofen bei 225 Grad für 10 Minuten überbacken. Wenn der Käse geschmolzen ist, garnieren Sie es mit Petersilie.

KCAL	EW	KH	FETT
540	41g	12g	37g

SCHWEINEGESCHNETZELTES MIT PAPRIKA

2 Portionen

Zutaten:

300g Minutensteaks vom Schwein

1 rote Zwiebel

1 Knoblauchzehe

2 rote Paprikaschoten

2 EL Olivenöl

50ml Gemüsebrühe

2 EL Crème Fraîche

2 EL Pinienkerne

1 TL Parmesan

Salz, Pfeffer

5 Stiele Basilikum

Zubereitung:

Basilikum gut waschen und in den Mix-Topf geben. Die Pinienkerne, 1 Esslöffel Olivenöl, Parmesan und Salz hinzufügen und auf Stufe 10 für 4 Sekunden zu einem Pesto verarbeiten. Dann umfüllen. Schneiden Sie das Fleisch in dünne Streifen und schälen Sie die Zwiebel und den Knoblauch. Die Paprika waschen, halbieren und Kerne entfernen. Geben Sie das Gemüse in den Mix-Topf und zerkleinern Sie alles für 5 Sekunden auf Stufe 7. Umfüllen.

Geben Sie das restliche Öl in den Mix-Topf, das Fleisch hinzufügen und bei 100 Grad/Stufe 2/Linkslauf für 5 Minuten anbraten. Das Gemüse hinzufügen und für 30 Sekunden mitbraten. Mit Gemüsebrühe ablöschen und bei 80 Grad/Stufe 1/Linkslauf für 8 Minuten schmoren lassen. Mit Salz und Pfeffer würzen. Die Crème Fraîche und das Pesto hinzufügen und auf Stufe 2/Linkslauf für 5 Sekunden verrühren. Abschmecken und servieren.

KCAL	EW	KH	FETT
240	25g	8g	12g

RINDERFILET MIT PFIFFERLINGEN

2 Portionen

Zutaten:

125g Rinderfilet

100g Pfifferlinge

2 Schalotten

35g Speck

2 EL Rapsöl

½ Zitrone

1 Knoblauchzehe

3 TL Balsamicoessig

Salz, Pfeffer

2 Stiele Petersilie

1 Stiel Thymian

Zubereitung:

Waschen Sie die Pfifferlinge und putzen Sie sie. Schalotten und Knoblauch schälen. Kräuter waschen und Blätter abzupfen. Schneiden Sie das Rinderfilet in dünne Scheiben und geben Sie die Schalotten und Knoblauch in den Mix-Topf. Alles auf Stufe 5 für 4 Sekunden zerkleinern. Dann umfüllen.

Den Speck in den Mix-Topf geben und auf Stufe 5 für 3 Sekunden zerkleinern. Dann bei 100 Grad/Stufe 1/Linkslauf für 2 Minuten anbraten. 1 Esslöffel Öl und die Pfifferlinge hinzufügen und alles bei 120 Grad auf Stufe 1/Linkslauf für 2 Minuten braten. Die Schalotten, Kräuter und Knoblauch hinzufügen und für 20 Sekunden mitbraten. Mit Salz und Pfeffer würzen.

Den Essig hinzufügen und für 10 Sekunden köcheln lassen. Dann umfüllen und abkühlen lassen. Das restliche Öl in den Mix-Topf geben, das Rinderfilet hinzufügen und bei 120 Grad/Stufe 1/Linkslauf für 20 Sekunden braten. Auf einem Teller servieren und nach Belieben mit Salz und Pfeffer würzen.

KCAL	EW	KH	FETT
310	16g	2g	25g

GEMÜSEPFANNE MIT LACHSFILET

2 Portionen

Zutaten:

300g Lachsfilet

1 rote Zwiebel

1 Zucchini

1 gelbe Möhre

1 Fenchelknolle

3 TL Sonnenblumenöl

½ Zitrone

50g Frischkäse

1 TL Gemüsebrühe, instant

Salz, Pfeffer

2 Stiele Dill

2 Stiele Zitronenthymian

Zubereitung:

Schälen Sie die Zwiebel, sowie die Zucchini und Möhren. Den Fenchel putzen, waschen und das Fenchelgrün dabei abschneiden. Geben Sie das klein geschnittene Gemüse in den Mix-Topf und alles auf Stufe 5 für 8 Sekunden zerkleinern. Das Gemüse in den Varomabehälter füllen und den Varomaeinlegeboden mit Backpapier auslegen. Legen Sie den Lachs darauf. Ein wenig Wasser mit Salz in den Mix-Topf dazu geben, Varomabehälter und Varomaboden einsetzen und alles verschließen. Für 15 Minuten/Varoma/Stufe 1 andünsten.

Waschen Sie die Kräuter, dann abtrocknen und die Blätter und Nadeln abzupfen. Varoma absetzen. Schütten Sie das Wasser aus. Anschließend Öl in den Mix-Topf geben und das Gemüse dann bei 120 Grad auf Stufe 2/Linkslauf für 1 Minute anbraten. Saft einer halben Zitrone auspressen und in den Mix-Topf geben. Salzen und pfeffern. Für 20 Sekunden weiterbraten. Dann 150ml Wasser, Frischkäse und Instant-Brühe hinzufügen. Bei 100 Grad/Stufe 1/Linkslauf für 2 Minuten garen. Mit dem Lachs servieren und mit Kräutern bestreuen.

KCAL	EW	KH	FETT
497	35g	8g	34g

KABELJAU IN SENFSOßE

1 Portion

Zutaten:

150g Kabeljaufilet

2,5 EL ml Weißwein

1 Eigelb

½ EL Öl

1 EL Estragon-Senf

½ EL Schlagsahne oder Sojacreme

Salz, weißer Pfeffer

Zubereitung:

Fischfilet mit Wasser abspülen, trocken tupfen und würzen. Eigelb, Senf und Weißwein im Mix-Topf für 5 Minuten auf mittlerer Stufe cremig aufschlagen und Sahne unterrühren. Soße umfüllen und warm stellen. Den Kabeljau danach im Varoma für 10 Minuten bei starker Hitze dämpfen. Nach 5 Minuten wenden, dann den Fisch mit Soße servieren.

KCAL	EW	KH	FETT
261	30g	2g	13g

GULASCHTOPF

1 Portion

Zutaten:

175g Gulasch, gemischt

150ml Rinderbouillon

50g Champignon, frisch

⅔ Paprikaschote, frisch

⅓ Knoblauchzehe

⅓ Zwiebel, rot

¼ Zwiebel, gewürfelt

20g Tomatenmark

4 EL Weißwein

Butterschmalz

Chili

Paprika, edelsüß

Paprika, scharf

Salz, Pfeffer

Zubereitung:

Die Zwiebeln und den Knoblauch mit Butterschmalz im Mix-Topf andünsten. Geben Sie die Paprika, Tomatenmark, Champignons, Rinderbrühe und Weißwein dazu. Würzen. Das Gulasch auf Stufe1 bei 100 Grad für 45 Minuten schmoren lassen. Falls nötig Flüssigkeit reduzieren oder andicken. Dann abschmecken.

Nährwerte pro 100g:

KCAL	EW	KH	FETT
47	4g	1g	2g

LOW CARB HÄHNCHEN-CURRY

1 Portion

Zutaten:

175g Hähnchenbrust

1 Karotte oder Zucchini

3 EL Sojasoße

3 TL Tomatenmark

1 TL Currypulver

1 Messerspitze Sambal Oelek

Salz, Knoblauch

Zubereitung:

Hähnchenbrust waschen und in Streifen schneiden. Sojasoße mit Oelek verrühren, Hähnchenbrust darin für ca. 10 Minuten marinieren. Gemüse waschen und kleinschneiden. Fleisch mit Marinade unter Rühren im Mix-Topf andünsten (Stufe 3/100°C). Gemüse dazugeben und 3 Minuten andünsten. Tomatenmark, Currypulver und bisschen Wasser hinzufügen. Kochen lassen, bis alles gegart ist.

KCAL	EW	KH	FETT
340	43g	13g	11g

THUNFISCH-RICOTTA-TORTILLA

2 Portionen

Zutaten:

70g Thunfischfilet

1 EL Pinienkerne

1 Knoblauchzehe

20g Oliven ohne Stein

20g getrocknete Tomaten in Öl

10g Parmesan

2 EL Paniermehl (aus dem Bioladen

Alternativmehl, fast ohne KH)

2 Eier

120g Ricotta

Salz, Pfeffer

1 Stiel Oregano

1 Stiel Thymian

Zubereitung:

Geben Sie den Parmesan und das Paniermehl in den Mix-Topf und zerkleinern Sie alles auf Stufe 8 für 4 Sekunden. Dann umfüllen. Schälen Sie den Knoblauch. Kräuter waschen, gut trocknen und die Blätter abzupfen. Die Pinienkerne in den Mix-Topf geben und ohne Zugabe von Fett bei 100 Grad/Stufe 1 für 3 Minuten anrösten. Dann umfüllen. Geben Sie die Tomaten, Oliven und die Knoblauchzehe in den Mix-Topf und alles auf Stufe 5 für 3 Sekunden zerkleinern. Umfüllen. Trennen Sie die Eier. Das Eigelb mit dem Ricotta in den Mix-Topf geben, die Hälfte der Parmesanmischung hinzufügen. Dann salzen und pfeffern und auf Stufe 3 für 3 Sekunden glattrühren. Füllen Sie es um.

Säubern Sie den Mix-Topf und geben Sie das Eiweiß hinein. Auf Stufe 8 für 10 Sekunden steif schlagen. Die Oliven, Knoblauch, Tomaten, Thunfisch, Kräuter, Pinienkerne und Eigelbmischung langsam untermischen und alles dabei auf Stufe 1 vermengen, so lange bis alles gut gemischt ist. Den Varomaeinlegeboden mit Backpapier auslegen und der restlichen Parmesan-mischung bestreuen. Die Eimischung vorsichtig hineingeben. Geben Sie 300ml Wasser in den Mix-Topf. Varoma aufsetzen und dann für 25 Minuten/Varoma/Stufe 1 andünsten. Nehmen Sie alles vorsichtig aus dem Varomaboden, halbieren und servieren.

KCAL	EW	KH	FETT
260	16g	8g	18g

HAUSGEMACHTE PIZZA

1 Portion

Zutaten:

35g Frischkäse, fettarm

35g Parmesan, frisch gerieben

50ml Tomatensoße

185g Mozzarella

1 Ei

3 EL fettarme Schlagsahne

⅓ Knoblauchzehe

Zubereitung:

Das Backblech mit Öl bestreichen und den Ofen auf 180 Grad vorheizen. Schneiden Sie den Mozzarella in dünne Scheiben und legen Sie die Käsestücke auf ein Blech.

Den Parmesan in groben Stücken in den Mix-Topf geben und dann auf Stufe 10 fein mahlen. Fügen Sie die Eier, den Frischkäse, Sahne und Knoblauch hinzu und mixen Sie alles für 10 Sekunden auf Stufe 4.

Gießen Sie die Eier-Käse-Masse über den Mozzarella und backen Sie es für 30 Minuten auf der niedrigsten Stufe in Ihrem Backofen. Den Mozzarella aus dem Ofen nehmen, mit der Pizzasoße und den gewünschten Zutaten belegen. Die Pizza abschließend für weitere 12 bis 15 Minuten bei 220 Grad backen.

Nährwerte pro 100g:

KCAL	EW	KH	FETT
217	16g	1g	16g

VEGETARISCHE HAUPTGERICHTE

GEMÜSENUDELN MIT SPINAT-FETA-PESTO

1 Portion

Zutaten:

65g Spinat, frisch

25g Fetakäse

1 ½ EL Rapsöl

1 Prise Salz

1 Knoblauchzehe, je nach Geschmack

325g Zucchini

Zubereitung:

Mit einem Spiralschneider die Zucchini zu Nudeln verarbeiten und dann erstmal zur Seite stellen. Den Knoblauch für 8 Sekunden auf Stufe 8 zerkleinern. Mit dem Spatel nach unten schieben. Fetakäse und Spinat hinzufügen und für 5 Sekunden auf Stufe 8 zerkleinern.

Salz und Öl in den Mix-Topf geben und für 10 Sekunden auf Stufe 5 verrühren. Die Spinat-Käse-Mischung umfüllen und den Mix-Topf kurz waschen. 500 ml Wasser in den Mix-Topf geben und die Gemüsenudeln im Varoma für 12 Minuten auf Stufe 1 dünsten.

Zucchini Nudeln auf einen Teller geben, das Pesto über den Nudeln verteilen und nach Belieben mit Feta garnieren.

KCAL	EW	KH	FETT
286	12g	9g	22g

GEMÜSE-KÄSENUDELN

1 Portion

Zutaten:

125g Möhren, geschält

125g Zucchini

70g Champignons

1 Frühlingszwiebel

30g getrocknete Tomaten

½ Kugel Mozzarella

2 EL Olivenöl

½ TL Salz

500ml Wasser

Zubereitung:

Die Zucchini und Karotten in Spiralen schneiden. Die Möhrenspaghetti in den Varoma, die Zucchinispaghetti in den Varoma-Einlegeboden legen und für 12 Minuten/Varoma/auf Stufe 1 garen. Das Gemüse umfüllen und zur Seite stellen.

Den Mozzarella im Mix-Topf für 5 Sekunden auf Stufe 4 zerkleinern. Füllen Sie es in eine Schale und den Mix-Topf kurz spülen. Champignons, Frühlingzwiebel, getrocknete Tomaten und 1 Esslöffel Olivenöl in den Mix-Topf geben und für 5 Sekunden auf Stufe 4 zerkleinern.

Mit dem Spatel nach unten schieben, 5 Minuten/100°C/Stufe 1,5 dünsten. Karotten und Zucchini mit Olivenöl und Salz in den Mix-Topf geben (5 Minuten/100°C/0,5 Stufe) und garen. Auf Teller anrichten und mit Mozzarella garnieren.

KCAL	EW	KH	FETT
609	29g	11g	47g

SCHARFES MÖHREN-RÖSTI

1 Portion

Zutaten:

1 Ei

1 Stück Ingwer, klein

175g frische Karotten

Pfeffer und Salz

Chiliflocken

Etwas Öl

Zubereitung:

Karotten waschen und in grobe Stücke schneiden. Ingwer schälen und im Thermomix fein mahlen (auf Stufe 10). Karotten in den Mix-Topf geben und auf Stufe 4 für wenige Sekunden kleinhacken. Karotten mit dem Ei vermengen (Stufe 4, 10 Sekunden). Omelett mit Salz, Pfeffer und Chiliflocken abschmecken. Öl in einer Pfanne erhitzen und den Rösti anbraten. Überschüssiges Fett mit einem Küchenpaper aufsaugen.

KCAL	EW	KH	FETT
239	9g	11g	16g

LAUCHKUCHEN

1 Portion

Zutaten:

2 Eier

220g Porree

Knoblauch (nach Belieben)

180g saure Sahne

50g Hartkäse

1 EL Öl

Kräuter

1 Prise Salz und Pfeffer

Zubereitung:

Den Käse in Stückchen schneiden und in den Mix-Topf geben. Auf Stufe 8 für 10 Sekunden zerkleinern und den Käse danach umfüllen. Porree und Knoblauch schälen und im Mix-Topf für 4 Sekunden bei Stufe 5 klein hacken. Mit dem Spatel nach unten schieben und mit Butter und Öl für 4 Minuten/Varoma/Stufe 1 andünsten.

Nun Eier, Sahne, Salz, Pfeffer, Kräuter und die Hälfte des geriebenen Käses hinzufügen. Für 10 Sekunden bei Stufe 3 verrühren. Die Masse in eine gefettete Auflaufform geben. Den restlichen Käse darüber verteilen. Den Lauchkuchen für 40 Minuten bei 180 Grad backen. Nach Belieben mit Oregano bestreuen.

KCAL	EW	KH	FETT
673	34g	15g	50g

RICOTTA-AUBERGINEN-GRATIN

2 Portionen

Zutaten:

600g Auberginen

200g Ricotta

1 Knoblauchzehe

400ml Dosentomaten

30g Parmesan

100ml fettarme Milch

1 EL Olivenöl

Salz, Pfeffer

2 Stiele Oregano

2 Stiele Basilikum

Zubereitung:

Die Auberginen waschen, halbieren und in Scheiben schneiden. Legen Sie sie auf ein Backblech, dass zuvor mit Backpapier ausgelegt wurde. Im vorgeheizten Backofen bei 175 Grad Umluft für 5 Minuten garen. Die Kräuter waschen, trocknen und Blätter abzupfen. Den Knoblauch schälen. Den Parmesan in den Mix-Topf geben und alles auf Stufe 5 für 3 Sekunden zerkleinern. Füllen Sie die Masse um und lassen Sie 2 Esslöffel Parmesan im Mix-Topf. Fügen Sie die Milch hinzu und rühren Sie alles auf Stufe 5 für 3 Sekunden glatt. Den Ricotta hinzufügen und für weitere 3 Sekunden verrühren. Auch umfüllen.

Den Knoblauch in den Mix-Topf geben und auf Stufe 5 für 3 Sekunden klein hacken. Die Tomaten, Salz, Pfeffer und Kräuter hinzufügen und auf Stufe 5 für 4 Sekunden mixen. Bestreichen Sie eine Auflaufform mit Öl und dann abwechselnd Tomatensoße, Auberginen und Ricottacreme schichten. Mit Parmesan bestreuen und im Backofen bei gleicher Temperatur für 30 Minuten backen.

KCAL	EW	KH	FETT
400	27g	10g	24g

SMOOTHIES

FRÜHLINGS-SMOOTHIE

2 Portionen

Zutaten:

20g Löwenzahnblätter

50g Radieschen

1 Kiwi

1 Pfirsich

1 Zitrone

100ml Orangensaft

Zubereitung:

Löwenzahnblätter sowie Radieschen waschen und abtrocken. Kiwi schälen, Pfirsich waschen, dann halbieren und entkernen. Zitronen heiß waschen und die Hälfte der Schalen abreiben. Den Saft der Zitrone auspressen. Alles zusammen mit Wasser in den Mix-Topf geben und auf Stufe 10 für 8 Sekunden fein mixen. In zwei Gläser füllen und nach Belieben dekorieren

KCAL	EW	KH	FETT
60	1g	10g	0g

GRAPEFRUIT-MÖHREN-SMOOTHIE

4 Portionen

Zutaten:

1000g Möhren

5 rosa Grapefruits

2 Stiele Minze

2 Handvoll Eiswürfel

Zubereitung:

Die Möhren schälen und putzen. Halbieren Sie die Grapefruits und pressen Sie den Saft aus. Waschen Sie die Minze und die Blätter abzupfen.

Die Hälfte der Möhren in den Entsafter geben und den Möhrensaft auspressen. Die restlichen Möhren, Grapefruitsaft, den frisch gepressten Möhrensaft, Eiswürfel und Minze in den Mix-Topf geben und auf Stufe 10 für 10 Sekunden fein mixen. Falls die Masse zu dickflüssig ist, Wasser nachgießen.

KCAL	EW	KH	FETT
35	0g	6g	1g

SCHARFER INGWER-SMOOTHIE

1 Portion

Zutaten:

½ EL Hanf -oder Leinöl

¼ Zitrone

15g Ingwer

5g Reissirup

½ TL Curcuma Pulver

Cayennepfeffer

Zubereitung:

Öl, Zitrone, Ingwer und Reissirup zusammen mit 100ml Wasser in den Mix-Topf geben. Etwa eine halbe Minute lang auf Stufe 8 mixen. Noch 100ml Wasser zufügen und 10 Sekunden/Stufe 6 verquirlen. Saft durch den Siebeinsatz ausgießen und genießen.

KCAL	EW	KH	FETT
13	1g	2g	0g

FATBURNER SMOOTHIE

1 Portion

Zutaten:

120g Grapefruitsaft

Wasser nach Belieben

100g Bio-Salatgurke mit Schale

10g Ingwer

5 Blättchen Basilikum

2 TL Weizengras oder Gerstengras

1 TL Zimt

1 Prise Chili, Kurkuma, Pfeffer

Zubereitung:

Den Ingwer in den Mix-Topf geben. Alle anderen Zutaten zugeben und 1 Minute auf Stufe 10 mixen. Nach Belieben etwas Wasser hinzufügen.

KCAL	EW	KH	FETT
71	1g	14g	0g

CITRUS-AVOCADO-SMOOTHIE

2 Portionen

Zutaten:

100g Ananas

2 Orangen

½ Avocado

¼ Zitrone

2 Stiele Zitronenmelisse

1 Stiel Zitronenthymian

Eiswürfel

Zubereitung:

Ananas schälen und würfeln. Orangen gut waschen und die Schale abreiben. Saft von 2 Orangen auspressen. Avocado halbieren, entkernen, Fruchtfleisch einer Orangenhälfte ausschaben. Zitrone auspressen, Kräuter waschen und Blätter abzupfen. Alle Zutaten, zusammen mit einer Handvoll Eiswürfel in den Mix-Topf geben und auf Stufe 10 für 8 Sekunden zu einem Smoothie mixen.

KCAL	EW	KH	FETT
148	2g	15g	8g

KOKOS-SMOOTHIE MIT MÖHREN

2 Portionen

Zutaten:

60g Kokosraspel

400ml Karottensaft

40ml Kokosmilch

60g Vollmilchjoghurt

½ rote Chilischote

1 Stiel Koriander

Eiswürfel

Zubereitung:

Geben Sie die Kokosraspel in den Mix-Topf und rösten Sie sie ohne Zugabe von Fett bei 100 Grad/Stufe 2/Linkslauf für 30 Sekunde. Umfüllen und abkühlen lassen.

Den Koriander waschen und die Blättchen abzupfen. Die Chilischote, Karottensaft, die Kokosmilch und den Joghurt in den Mix-Topf geben. Alles auf Stufe 10 für 8 Sekunden zu einem Smoothie mixen. In zwei Gläser füllen und mit Korianderblättern und Kokosraspeln garnieren.

KCAL	EW	KH	FETT
320	6g	15g	26g

BEEREN-SHAKE

2 Portionen

Zutaten:

250ml Kefir

1 Banane

1 Handvoll Heidelbeeren

3 Scheiben Ananas

50ml Ananassaft

1 kleines Stück Ingwer

Zubereitung:

Die Ananas schälen und würfeln. Dann alle Zutaten in den Mix-Topf geben und für 30 Sekunden auf Stufe 5 bis 6 fein pürieren.

KCAL	EW	KH	FETT
224	0g	24g	0g

KIWI-MANDELMILCH-SHAKE

2 Portionen

Zutaten:

400ml Mandelmilch

3 Kiwis

2 EL Xucker

Vanillearoma

Zubereitung:

Kiwi schälen. Dann alle Zutaten in den Mix-Topf geben und für 35 Sekunden auf Stufe 8 fein pürieren.

KCAL	EW	KH	FETT
89	0g	9g	0g

FELDSALAT-GURKEN-SMOOTHIE

2 Portionen

Zutaten:

4 Limetten

4 Gurken

4 Äpfel (grün)

4 Kiwis

1 Handvoll Feldsalat

Zubereitung:

Die Limette auspressen. Dann die Gurken waschen und in Stücke schneiden. Waschen Sie die Äpfel und entkernen. Den Salat waschen und sauber putzen. Alles in den Mix-Topf geben. Für 35 Sekunden auf Stufe 6 fein pürieren. Mit Eiswürfeln servieren.

KCAL	EW	KH	FETT
185	0g	22g	0g

NEKTARINEN-ORANGEN-SMOOTHIE

2 Portionen

Zutaten:

2 Orangen

2 Nektarinen

300ml Mandelmilch

1 ½ TL Braunhirsemehl

1 EL Erdmandeln (gemahlen)

Steviapulver (nach Belieben)

Zubereitung:

Orangen schälen, halbieren, Nektarine entkernen und mit den restlichen Zutaten in den Mix-Topf geben, 35 Sekunden auf Stufe 5-8 fein pürieren und nach Belieben süßen.

Nährwerte pro 100ml:

KCAL	EW	KH	FETT
160	0g	24g	0g

DESSERTS

HIMBEERMUS

2 Portionen

Zutaten:

200g Himbeeren

6 EL Chia-Samen

300ml Kokosmilch

4 EL Kokosmus

2 EL Agavendicksaft

Zubereitung:

Alle Zutaten in den Mix-Topf geben und für 8 Sekunden auf Stufe 4 verrühren. In Gläser füllen und 30 Minuten lang quellen lassen.

KCAL	EW	KH	FETT
174	0g	11g	0g

CHIA-KOKOSPUDDING

2 Portionen

Zutaten:

150g Joghurt

200ml Kokosmilch

4 EL Chia-Samen

2 Kiwis

Xucker

Zubereitung:

Die Chia-Samen zusammen mit der Kokosmilch und 1 Minute lang verrühren. Über Nacht quellen lassen und die geleeartige Masse und Joghurt in den Mix-Topf geben. Für 5 Sekunden auf Stufe 3 verrühren und in zwei Gläser umfüllen. Die Kiwi schälen und in den Mix-Topf geben. Für 7 Minuten auf Stufe 6 pürieren und dann mit Xucker nach Belieben süßen und über den Chia-Joghurt geben.

Nährwerte pro 100g:

KCAL	EW	KH	FETT
128	0g	9g	0g

SCHOKOCREME

2 Portionen

Zutaten:

160ml Sahne

80g dunkle Schokolade

2 kandierte Würfel Ingwer

Zubereitung:

Ingwer und Schokolade in Stückchen in den Mix-Topf geben. Für 12 Sekunden auf Stufe 6 zerkleinern und dann die Sahne hinzufügen. Für 8 Sekunden auf Stufe 4 aufschlagen. In eine Glasschale füllen und servieren.

KCAL	EW	KH	FETT
378	0g	18g	0g

APFEL-ZIMT-KÄSECREME

2 Portionen

Zutaten:

2 Äpfel

1 Limette

Zimt

100g Doppelrahmfrischkäse

100g Joghurt

Xucker nach Belieben

Zubereitung:

Die Äpfel vierteln und in den Mix-Topf geben. Für 3 Sekunden aus Stufe 4 zerkleinern. Zitronensaft, Frischkäse und Zimt hinzugeben und für 5 Sekunden auf Stufe 2 verrühren. Nach Belieben süßen.

KCAL	EW	KH	FETT
245	0g	18g	0g

TIRAMISU

4 Portionen

Zutaten:

60g gemahlene Mandeln,

3 Eier

2 Eigelb

300g Mascarpone

2 EL Xucker

80ml Kaffee

Amaretto

Kakao zum Garnieren

Zubereitung:

Trennen sie die Eier und geben Sie das Eiweiß in den Mix-Topf. Für 2 Minuten auf Stufe 4 aufschlagen und dann umfüllen. Das Eigelb, Xucker und die Mandeln verrühren. Danach das Eiweiß unterheben. Geben Sie die Masse auf das Backblech und backen Sie es für 20 Minuten bei 180 Grad im vorgeheizten Ofen.

Mascarpone, Eigelb mit Xucker in den Mix-Topf geben. Für 1 Minute auf Stufe 4 verrühren. Mit Amaretto abschmecken. Den Teig abkühlen lassen und in kleine Stücke schneiden. Eine Schicht auf den Boden der Form auslegen und mit etwas Kaffee tränken.

Den Teig anschließend mit der Hälfte der Mascarponecreme bestreichen. Dann die nächste Schicht Teig auslegen und wieder mit Kaffee tränken. Dann noch einmal die Mascarponecreme verteilen. Über Nacht ziehen lassen und vor dem Servieren mit Kakao bestäuben.

KCAL	EW	KH	FETT
320	0g	3g	0g

SNACKS

SCHOKOKÜCHLEIN

Für ca. 10 Stück

Zutaten:

200g Zartbitterschokolade 55 %

130g Butter

150g Erythritol, Xucker

90g Mandelmehl

5 Eier

8 Stückchen Schokolade

Zubereitung:

Zartbitterschokolade für 10 Sekunden auf Stufe 10 zerkleinern. Butter dazugeben und alles für 4 Minuten bei 50 Grad auf Stufe 1 schmelzen. Eier, Xucker, Mandelmehl hinzufügen und 1 Minute auf Stufe 4 verrühren. Muffin-Förmchen bis zur Hälfte mit Teig befüllen. Immer jeweils ein Stückchen Schokolade darauflegen und mit Teig auffüllen. Bei 180 Grad für 10 bis 12 Minuten backen.

KCAL	EW	KH	FETT
295	25g	17g	9g

NUSSRIEGEL

Für ca. 20 Stück

Zutaten:

60g Kokosraspeln

60g Kürbiskerne

60g Sonnenblumenkerne

60g Walnüsse

40g Haselnüsse

20g Sesam

6 entsteinte Datteln

40g Kakao

2 TL Zimt

6 EL Kokosmilch

3 EL Mandelmus

Zubereitung:

Kürbiskerne, Kokosflocken, Sonnenblumenkerne, Walnüsse, Datteln und Haselnüsse im Thermomix für 10 Sekunden auf Stufe 5-6 zerkleinern. Kakao, Zimt, Sesam, Mandelmus und Kokosmilch hinzufügen und für 10 Sekunden auf Stufe 3 vermischen.

Eine kleine Auflaufform mit Kokosöl einfetten und die Nussmasse hineinfüllen. Die Nussmasse im vorgeheizten Backofen bei 100 Grad für 50 Min backen. Die fertige Nussmasse vollständig abkühlen lassen und dann in Riegel schneiden.

KCAL	EW	KH	FETT
104	4g	3g	6g

RAFFAELO

Für ca. 40 Stück

Zutaten:

400g Magerquark

90g Mandeln, gemahlen

35g Kokosflocken

45g Eiweißpulver

1 Spritzer Süßstoff

ganze Mandeln, 1 pro Kugel

Kokosflocken zum Wälzen

Zubereitung:

Alle Zutaten in dem Mix-Topf geben und eine Kugel aus dem Teig formen, In die Mitte eine ganze Mandel stecken. Wälzen Sie die Kugeln in Kokosflocken. Die Kugeln für 4 Stunden in den Kühlschrank stellen.

KCAL	EW	KH	FETT
30	0g	5g	0g

CHIA-PUDDING

2 Portionen

Zutaten:

½ Mango

2 EL Chia-Samen

200ml Mandelmilch

60g Himbeeren

Zubereitung:

Verrühren Sie die Chia-Samen mit der Mandelmilch für circa 1 Minute. Über Nacht quellen lassen. Die Mango schälen und in grobe Stücke schneiden. In den Mix-Topf geben und für 7 Sekunden auf Stufe 5 pürieren. Den Chia-Pudding auf 2 Gläser verteilen und das Mangopüree über den Pudding geben. Nach Belieben mit Himbeeren garnieren.

KCAL	EW	KH	FETT
85	0g	9g	0g

KOKOSJOGHURT MIT MELONE

2 Portionen

Zutaten:

250g Honigmelone

125g Quark

150g Joghurt

1 EL Kokosraspel

1 Stiel Minze

½ Zitrone

1 EL Ahornsirup

Zubereitung:

Kokosraspeln in einer Pfanne rösten und dann abkühlen lassen. Zitrone auspressen und den Saft in den Mix-Topf geben. Quark, Ahornsirup und Joghurt hinzufügen, für 15 Sekunden auf Stufe 3 verrühren. Kokosraspel hinzufügen und alles für 10 Sekunden verrühren. Melone entkernen, kleinwürfeln und unter den Quark mischen. Minze waschen, trocken schütteln und die Minzeblätter in Streifen schneiden. In Schälchen servieren.

KCAL	EW	KH	FETT
298	5g	23g	2g

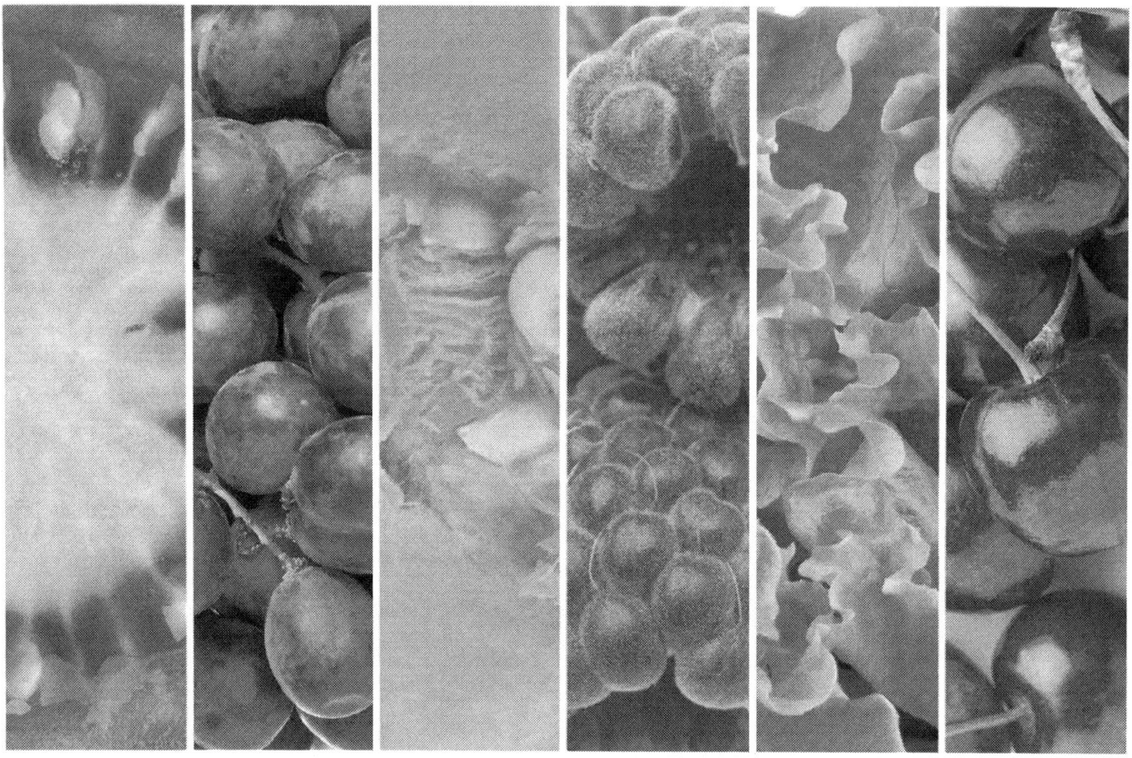

SCHLUSSWORT

Gestalten Sie Ihre Ernährung neu mit einer hilfreichen Low Carb-Ernährung für den Thermomix. Sie werden nicht nur viel Zeit sparen, sondern sich auch an eine ausgewogene Ernährung gewöhnen, die Ihrem Körper und Ihrer Seele guttut. Zusätzlich dazu macht es Ihnen das Abnehmen leichter und kann Ihre ganze Familie mit einer gesunden und nachhaltigen Ernährung versorgen.

Im Anschluss finden Sie noch meine persönlichen 6 süßen Lieblingsrezepte zum Naschen. Ich wünsche Ihnen noch viel Spaß bei der Zubereitung dieser Mahlzeiten und hoffe, dass ich Ihnen mit meinen Ratschlägen weiterhelfen konnte.

Vielen Dank, dass Sie sich für mein Buch entschieden haben!

Annemarie Lange

BONUS: MEINE 6 SÜßEN LIEBLINGSREZEPTE

BROWNIES

12 Portionen

Zutaten:

125g Mandelmehl

3 EL Kakaopulver

2 EL Leinsamen

1 TL Backpulver

75g Xucker

50g Schokolade mit 70% Kakaoanteil

75g Margarine

50g Mandeln

1 Prise Salz

Zubereitung:

Geben Sie den Leinsamen in eine kleine Schüssel und übergießen Sie ihn mit heißem Wasser. Für 10 Minuten quellen lassen. Das Mandelmehl, Kakaopulver, Backpulver und den Xucker in eine Schüssel geben. Geben Sie die Mandeln in den Mix-Topf und auf Stufe 6 für 3 Sekunden zerkleinern. Die Schokolade, Margarine und etwas Salz hinzufügen und bei 80 Grad/Stufe 2 für ca. 4 Minuten schmelzen lassen. Die Mehlmischung und Leinsamen in den Mix-Topf geben und auf Stufe 3 für 10 Sekunden vermischen.

Heizen Sie den Ofen auf 180 Grad Ober-/Unterhitze vor. Bestreichen Sie die Backform mit etwas Margarine und füllen Sie den Teig in die Form. Im heißen Ofen für ca. 30 Minuten backen.

KCAL	EW	KH	FETT
110	6g	3g	8g

ERDBEER-KOKOS-CREME

2 Portionen

Zutaten:

100g Erdbeeren

100g Magerquark

2 EL Kokosmilch, ungesüßt

5 Macadamia-Nüsse

2 EL Xucker

1 Stiel Zitronenmelisse

Zubereitung:

Geben Sie die Nüsse in den Mix-Topf und zerkleinern Sie alles auf Stufe 5 für 3 Sekunden. Füllen Sie es um. Waschen Sie die Erdbeeren und stellen Sie den Mix-Topf auf Stufe 5 für 3 Sekunden. Den Quark, Kokosmilch, Xucker und Nüsse hinzufügen und auf Stufe 1/Linkslauf alles für 5 Sekunden verrühren. Füllen Sie es in zwei Dessert Schälchen und garnieren Sie es anschließend nach Belieben.

KCAL	EW	KH	FETT
131	8g	11g	7g

APFELKUCHEN

4 Portionen

Zutaten:

100g säuerliche Äpfel

125g Mandelmehl

75g Butter

60g Xucker

2 Eier

½ Zitrone

¼ Packung Backpulver

½ Vanilleschote

Zimt (nach Belieben)

1 Prise Salz

Zubereitung:

Die Zitronen auspressen und dann in eine Schüssel geben, die mit kaltem Wasser gefüllt ist. Halbieren Sie die Äpfel, entkernen Sie sie, waschen und alles in den Mix-Topf geben. Auf Stufe 6 für 3 Sekunden zerkleinern. Geben Sie es dann in die Schüssel mit dem Zitronenwasser.

Den Xucker, Butter, Eier und Zimt in den Mix-Topf geben und alles auf Stufe 2 für 5 Sekunden vermischen. Schneiden Sie die Vanilleschote der Länger nach auf, schaben Sie sie aus und geben Sie sie dazu. Das Mandelmehl, Salz-und Backpulver in den Mix-Topf geben und dann auf Stufe 2 für 5 Sekunden vermischen. Legen Sie das Varoma mit Backpapier aus und verteilen Sie die Apfelstücker darauf. Füllen Sie den Teig in die Form. Geben Sie das Wasser in den Mix-Topf, Varoma aufsetzen und alles für 50 Minuten/Varoma/auf Stufe 1 garen.

Anschließend den Kuchen aus dem Varoma in eine Pfanne stürzen, so dass die „obere" Seite unten liegt. In der offenen Pfanne für 15 Minuten bei mittlerer Hitze braten.

KCAL	EW	KH	FETT
300	17g	8g	21g

KOKOSQUARK

2 Portionen

Zutaten:

400g Magerquark

200ml Kokoswasser

2 EL Eiweißpulver

4 EL Kokosraspel

2 EL Xucker

2 Stiele Zitronenmelisse

Zubereitung:

Alle Zutaten in den Mix- Topf geben und auf Stufe 3 für 10 Sekunden miteinander vermengen. Mit Zitronenmelisse garnieren.

KCAL	EW	KH	FETT
183	29g	10g	2g

ERDBEERSORBET

2 Portionen

Zutaten:

300g gefrorene Erdbeeren (ungezuckert)

60g Eiweißpulver

200ml Wasser

Süßstoff

Zubereitung:

Geben Sie das Eiweißpulver und Wasser in den Mix-Topf und vermischen alles für 3 Sekunden auf Stufe 5. Die Früchte und Süßstoff hinzufügen und auf Stufe 10 für 5 Sekunden pürieren. Füllen Sie es in eine Tiefkühlform und stellen Sie es für mindestens 1 Stunde in einen Tiefkühlschrank.

KCAL	EW	KH	FETT
105	26g	12g	2g

QUARKSORBET

2 Portionen

Zutaten:

300g Magerquark

60g Eiweißpulver mit Vanillegeschmack

200ml Wasser

Süßstoff (nach Belieben)

2 Handvoll Eiswürfel

Zubereitung:

Geben Sie das Eiweißpulver zusammen mit dem Wasser in den Mix-Topf und vermischen dann alles für 3 Sekunden auf Stufe 5. Fügen Sie dann den Quark, Eiswürfel und den Süßstoff hinzu und pürieren Sie es auf Stufe 10 für 5 Sekunden. Füllen Sie alles in eine Form und stellen Sie es für mindestens 1Stunde in ein Tiefkühlfach.

KCAL	EW	KH	FETT
105	26g	12g	2g

Das könnte Sie auch interessieren

Low Carb auf Italienisch

Mit 50 leckeren Rezepten aus der Mittelmeerküche

Dieses Buch widmet sich der italienischen Küche, seiner traditionellen Gerichte und feinen Spezialitäten. In so gut wie keinem anderen Land auf dieser Welt ist das Essen so vielfältig, so lecker und so lebensfroh wie in Italien. Damit Sie sich diese Vielfalt mit allen ihren Facetten in Ihre eigenen vier Wände holen können, gebe ich Ihnen in diesem Buch zahlreiche, gesunde Low Carb-Rezepte an die Hand.

Low Carb Kuchen & Desserts

Mit 55 süßen Rezepten für Groß und Klein

In diesem Buch finden Sie 55 köstliche Leckereien, die alle nur wenig Kohlenhydrate enthalten und bei Ihrer gesunden Ernährung eine große Hilfe sein werden. Sie erfahren alles Wissenswerte zum Thema Low Carb und einige hilfreiche Tipps, wie Sie Hungerattacken in Zukunft erfolgreich vermeiden können. Egal ob für Groß oder Klein - bei so vielen unterschiedlichen Süßspeisen ist für Jeden etwas dabei.

Low Carb Vegetarisch

Mit 55 tollen Rezepten für Vegetarier und Veganer

Dieses Buch ist für Vegetarier und Veganer der ideale Einstieg in die Welt von Low Carb. Doch auch wenn Sie von einer Standard-Diät mit tierischen Produkten zu einer vegetarischen Low Carb-Ernährung wechseln möchten, wird Sie das Buch durch diesen Prozess führen und Ihnen bei der Umstellung helfen. Sie erfahren genau, welche langfristigen, gesundheitlichen Vorteile mit dieser Diät verbunden sind.

DANKE

Zum Abschied möchte ich Ihnen noch danken, für den Erwerb meines Ernährungs-Ratgebers. Ich weiß, dass Sie aus Dutzenden von Büchern wählen konnten, Sie sich aber für mein Werk entschieden haben.

Daher ein ganz großes Dankeschön dafür, dass Sie mein Buch heruntergeladen und bis zum Ende gelesen haben.

Ich würde Sie hier noch um einen kleinen Gefallen bitten. Könnten Sie sich kurz Zeit nehmen und mir eine Rezension auf Amazon hinterlassen?

Ihre Rückmeldung würde mich sehr freuen und mir helfen, weitere Bücher zu schreiben, die Ihnen und anderen Lesern gute Tipps zur gesunden Ernährung geben sollen.

Und wenn Ihnen mein Buch gefallen hat, lassen Sie es mich bitte wissen!

9064281R00070

Printed in Germany
by Amazon Distribution
GmbH, Leipzig